꽃시조 100수

꽃내음
시조향기

박상재 지음

머리글

꽃! 그 향기로운 이름

프랑스의 시인 보들레르는 "꽃은 입을 닫고, 그 향기로 말한다."라고 했다. 독일의 작가 괴테도 "꽃은 지구에서 가장 아름다운 언어이다."라고 꽃을 칭송했다. 꽃 그림을 많이 그린 빛의 화가 클로드 모네는 "내가 화가가 될 수 있었던 것은 아마도 꽃 덕분일 것이다."라는 명언을 남겼다.

언보(彦甫) 최한경(崔漢卿)은 조선 세종 때에 과거에 급제하고, 세조 때에는 이조참의와 대사성을 역임한 인물이다. 그의 자서전인 반중일기(泮中日記)에 그가 성균관 유생 시절에 지었던 좌중화원(坐中花園-꽃밭에 앉아서)이라는 시가 들어 있다. 어린 시절 자신의 마음에 두었던 '박소저'란 처자를 그리며 지은 시이다. 박소저는 부친 사이에 혼삿말이 오가기도 했던 고향의 이웃에 살던 처자이다.

좌중화원(坐中花園) 담피요엽(膽彼夭葉) 꽃밭에 앉아서 꽃잎을 보네
혜혜미색(兮兮美色) 운하래의(云何來矣) 고운 빛은 어디에서 왔을까
작작기화(灼灼其花) 하피염의(何彼艶矣) 아름다운 꽃이여 어찌 그리 농염한지
사우길일(斯于吉日) 길일우사(吉日于斯) 이렇게 좋은 날에 이렇게 좋은 날에
군자지래(君子之來) 운하지락(云何之樂) 좋은 이 오신다면 얼마나 좋을까 -줄임-

이 시에는 박소저를 마음속에 늘 간직하고 그리워하는 최한경의 마음이 오롯이 나타나 있다.

이 세상의 꽃들은 하늘의 별처럼 많다. 산이나 들에 피는 꽃들도 있고, 사람들이 가꾸는 꽃밭에서 피는 꽃들도 있다. 볼수록 예쁜 꽃들이지만 이름이 미운 꽃들도 있다. 개불알꽃(봄까치꽃)이나 쥐똥나무꽃, 며느리밑씻개 같은 꽃들이 그렇다. 이름 모를 작은 풀꽃도 오래 들여다 볼수록 예쁘다. 살구꽃, 벚꽃 같은 연분홍 꽃들은 화사하고, 조팝꽃이나 이팝꽃, 아카시꽃처럼 하얀 꽃은 눈부시다.

크다고 향기가 많은 것은 아니다. 수수꽃다리나 쥐똥나무꽃은 꽃잎은 작아도 향기는 그지없이 진하다. 작은꽃들은 작은꽃대로 향기롭고, 커다란 꽃들은 나름대로 특유의 향기가 있다. 꽃이

아니라도 아름다운 모습일 때는 '꽃'이라는 말을 붙인다. '눈꽃', '웃음꽃', '무지개꽃' 등 꽃이 아니더라도 아름다운 모습일 때는 꽃이라고 부른다. 이 세상에서 가장 아름다운 꽃은 사람이 피워낸 웃음꽃인지도 모른다.

이 시조집에는 우리 주위에서 흔히 볼 수 있는 꽃을 소재로 한 시조 108 수가 담겨 있다. 꽃사진을 곁들인 한 수 한 수를 읊다보면 저절로 꽃향기에 취하게 될 것이다. 꽃에 얽힌 전설이나 생태, 특징은 덤으로 알게 될 것이다. 아름다운 꽃을 보며 고운 사람 그리운 이를 생각하며 웃음꽃이 피어날 수 있기를 바란다.

사랑의 꽃이 가득 핀 날
지은이 **박상재**

차례

1. 산에 피는 꽃

산벚꽃	08
진달래꽃	09
지귀나무꽃	10
팥배나무꽃	11
때죽나무꽃	12
철쭉	13
솜다리꽃	14
하늘말나리	15
더덕꽃	16
노루귀	17
바람꽃	18
생강나무꽃	19
얼음새꽃	20
찔레꽃	22
아카시꽃	23
산딸나무꽃	24
오동나무꽃	26
참나리꽃	28
등골나물꽃	29
마타리꽃 1	30
마타리꽃 2	31
금낭화	32
도라지꽃	33
동자꽃	34
칡꽃	36
오이풀꽃	37
얼레지	38

2. 들에 피는 꽃

살구꽃	42
산수유꽃	43
이팝꽃	44
조팝꽃	45
등꽃	46
수수꽃다리	47
배롱꽃	48
쥐똥나무꽃	49
제비꽃	50
민들레	52
달맞이꽃	53
할미꽃 1	54
할미꽃 2	55
엉겅퀴	56
코스모스	57
개망초꽃	58
애기똥풀	60
숨패랭이꽃	61
매발톱꽃	62
봄까치꽃(큰개불알꽃)	63
앵초	64
기린초	65
개나리꽃	66
병꽃나무	67
방가지똥	68
달개비꽃	69
구절초	70
토끼풀	71
박주가리	72
지칭개	73
수선화	74

3. 물가에 피는 꽃

연꽃 78
수련 79
미나리꽃 80
붓꽃 81
물봉선 82
해당화 83
부처꽃 84
창포 86

4. 밭에 가꾸는 꽃

매화 90
배꽃 91
능금꽃 92
복사꽃 93
앵두꽃 94
가지꽃 95
고구마꽃 96
박꽃 1 97
박꽃 2 98
자운영 99

5. 꽃밭에 가꾸는 꽃

무궁화 102
박태기꽃 103
능소화 104
수국 105
모란 106
접시꽃 107
함박꽃(작약) 108
해바라기 109
장미 110
유도화 111
봉선화 112
부용꽃 113
금잔화 114
물망초 115
나팔꽃 116
골담초꽃 117
불두화 118
옥잠화 119
맨드라미 120
채송화 121
족두리꽃(풍접초) 122
과꽃 123
아네모네 124

01 산에 피는 꽃

산벚꽃

봄산이 화려한 건 산벚꽃 덕분이다
연분홍 꽃구름이 산자락 휘감으니
오호라 그 고운 자태 뉘라서 따를소냐

꽃안개 너울너울 온 산을 물들이면
산골짝 물소리도 덩달아 흥에 겹고
내 마음 훔쳐가고는 넌지시 웃고 있네

진달래꽃

진달래 꽃잎 따서 야금야금 곱씹으면
비릿하게 묻어나는 아른아른 옛 추억
두견새 울음소리도 귓가에 매암돈다

산마다 곱게 드린 연분홍 치마폭을
넌지시 베고 누워 먼 하늘 바라보니
아련한 추억 너머로 저녁놀 비껴 있다

자귀나무꽃

미모사 잎처럼 밤이면 잎 포개는
제 짝을 귀히 여기는 금슬이 좋은 나무
사랑이 꽃피는 나무 자기 스스로 귀한 꽃

* 미모사과의 나무로, 짜구나무, 합환목, 합혼수, 야합수, 유정수 등으로 불리기도 한다. 정원수로 쓰는 나무로 '자귀나무'의 어원은 불확실하다. 나무 깎는 연장 '자귀'를 만드는 데 쓴다고 자귀나무라는 설, 낮이 되면 잎이 열리고 밤이 되면 잎이 닫히기 때문에 자는 시간은 귀신같이 맞춘다고 자귀나무라는 설, 자개(조개)처럼 잎들이 다물어져서 붙여졌다는 설 등이 있다. 조선시대 표기로는 자괴나모라 했다. 미모사와 비교해서 접촉에 반응을 덜 하지만, 밤낮에 따라 접히고 열리는 거랑 콩과 식물, 그리고 잎 모양도 비슷하다는 점에서 많이 닮았다.

팥배나무꽃

꽃잎은 배꽃 같고 열매는 팥을 닮아
그 이름 팥배나무 이름도 재미있다
달빛에 꽃잎 보거든 눈물겹다 일러라

때죽나무꽃

푸른 잎 꽁꽁 찧어 냇물에 푹 담그면
물고기 떼 기절하며 동동동 떠올라서
이름도 재미있구나 신비한 때죽나무

철쭉

골짝에서 시작된 불 산마루로 번져가네
불 끄러 허겁지겁 숨차게 올랐더니
그것은 산불이 아니야 출렁이는 꽃파도

솜다리꽃

바람에 흔들려도 솜처럼 포근하다
높은 산 바위에 앉아 구름 보고 웃으며
가만히 부르는 이름 추억의 솜다리꽃

* 솜다리는 하얀 솜털로 덮여 별 모양의 꽃이다. 영화 사운드오브뮤직으로 인하여 우리에게는 에델바이스로 더 잘 알려져 있으며 알프스의 별로도 불린다. 흰솜털로 된 부분을 꽃으로 생각하지만 사실 그것은 꽃을 보호하기 위한 꽃받침이다. 국화과의 여러해살이풀로 한국에는 왜솜다리, 두메솜다리, 산솜다리, 한라솜다리 등이 설악산이나 한라산 등 고산지역에서 자라고 있다.

하늘말나리

해맑은 얼굴로 하늘 향해 웃는 꽃
여름을 안고 피는 산꽃의 여왕이지
자주색 반점이 많아 알록달록 점박이꽃

더덕꽃

실바람 불어오면 초롱꽃 딸랑딸랑
꽃망울이 조롱조롱 열매도 더덕더덕
자주빛 꽃송이마다 향기도 드맑은 꽃

노루귀

보랏빛 꽃잎마다 송송송 가는 잔털
아홉장 예쁜 꽃잎 노루귀를 닮았구나
그리움 꽃잎에 묻어 바람결에 흔들려

봄소식 전하려고 다급한 마음으로
잎보다 먼저 내민 청순한 꽃잎마다
보고픔 봄비로 내려 눈물처럼 맺히네

바람꽃

바람에 흔들리는 여섯장 꽃잎마다
시린 눈 뚫고 나온 그 기개 장하구나
가녀린 그 맵시에서 묻어나는 모성애

이른봄 꽃샘추위 여전히 남았는데
아랑곳 하지 않고 집념으로 피워낸 꽃
처연한 애처로움에 숙연해진 내 마음

생강나무꽃

봄기운 움터오는 산자락 여기저기
노오란 꽃등불이 환하게 불 밝히네
봄소식 빨리 전하려 허둥지둥 피는 꽃

* 전국의 산기슭 양지바른 곳에 자라는 낙엽 떨기나무로서 중국, 일본에도 분포한다. 잎은 어긋나며, 심장형 또는 난형으로 가장자리는 밋밋하거나 3~5갈래로 크게 갈라진다. 꽃은 3-4월에 잎보다 먼저 암수딴그루로 피며, 꽃대가 없는 산형꽃차례에 달리고 노란색이다. 수꽃에는 수술 6개, 암꽃에는 암술 1개와 헛수술 9개가 있다. 열매는 장과이며, 9월에 검게 익는다. 외래식물인 층층나무과의 산수유나무와는 달리 산에 저절로 자라는 자생식물이다. 강원도에서는 동백나무 또는 동박나무라고 부르기도 하며, 어린 가지와 잎에서 생강 냄새가 난다. 씨앗으로 머릿기름을 짜서 쓴다.

얼음새꽃

눈쌓인 응달 뚫고 고개 내민 샛노란꽃
설날에 핀다하여 원일초(元日草)라 부르고
눈 속의 연꽃 같다고 설연화(雪蓮花)로도 부르지

쌓인 눈 뚫고 나와 동그랗게 녹은 구멍
눈색이꽃 눈꽃송이 이름도 참 많구나
복수초 그 이름보다 얼음새꽃이 좋아라

* 얼음새꽃은 한자로 복수초(福壽草)라고 부른다. 복(福)과 장수(長壽)를, 또는 부유와 행복을 상징하는 대표적인 꽃이다. 이른 봄 산지에서 눈과 얼음 사이를 뚫고 꽃이 핀다고 하여 '얼음새꽃', '눈새기꽃' 이라고 부르며, 중부지방에서는 '복풀'이라고도 부른다. 새해 들어 가장 먼저 꽃이 핀다고 하여 원일초(元日草)란 별명을 가지고 있는 복수초의 이른 개화 시기는 공교롭게도 음력 설 무렵과 일치한다. 꽃은 지역에 따라 피는 시기가 약간씩 다르지만 2월 중순부터 4월 초순에 줄기 끝 또는 가지 끝에 한 개씩 달린다. 우리나라 남부의 섬 지방이나 영동지방에서는 1월 중순경에도 눈 속에서 피어난 꽃이 가끔 발견되기도 한다.

찔레꽃

뻐꾸기 울음 끝에 향기로 눈 트는 꽃
꿀벌님 먼저 알고 맨 처음 찾아오네
그 향기 그 기품으로 오래오래 남는 꽃

아카시꽃

주렁주렁 아카시꽃 향기도 너울어울
호박벌 잉잉대고 대추벌도 앵앵대니
꽃잔치 흥겨운 대낮 오월이 눈부시다

산딸나무꽃

십자가 하얀 꽃잎 생김새도 정갈하다
시월에 딸기처럼 빨갛게 익는 열매
한움큼 따먹노라면 옛추억 생각난다

예수가 못박힐 때 십자가로 쓰인 나무
그 때문에 신자들은 개나무라 부르지
십자꽃 산딸나무가 무슨 죄가 있다고

* 산딸나무 꽃은 네 장의 꽃잎이 마주보기로 붙어 있는 커다란 꽃이 수백 개씩 층층으로 피어 있다. 여러 가지 복잡한 색이 섞이지 않아 청순하고 깔끔하다는 느낌을 주는 꽃이다. 사실은 꽃잎이 아니고 잎이 변형된 포엽(苞葉)이란 것인데, 보통 사람들의 눈에는 꽃잎으로 착각할 정도로 변장술이 놀랍다.
　기독교인들의 전설에 의하면 예수가 십자가에 못 박힐 때 쓰인 나무가 통칭 '독우드(Dogwood)'라 불리는 산딸나무라고 한다. 이스라엘의 산딸나무는 지금보다 재질이 단단하고 컸으며, 당시에는 예루살렘 지역에서 가장 큰 나무였다. 그러나 예수가 십자가에 못 박힌 이후 다시는 십자가를 만들 수 없도록 하느님이 키를 작게 하고 가지도 비꼬이게 만들었다는 것이다. 또한 십자가에 못 박힐 때의 모습을 상징하는 十자 꽃잎을 만들었다고 한다. 꽃잎의 끝은 예수의 손바닥에 박힌 못처럼 색이 약간 바래고 흰 모양을 나타낸다. 붉은 수술은 예수의 머리에 씌워진 가시관을 나타내며, 붉은 열매가 몇 개씩 붙어 있는 모습은 예수의 피를 나타낸다.

오동나무꽃

푸른 줄기 넓은 잎 꽃내음도 진하구나
넓은 잎 바라보면 마음이 편해지고
가야금 맑은 가락이 귓가에 쟁쟁하다

거문고로 거듭나면 가락 소리 청아하고
장롱으로 태어나면 옷맵시 가꿀 테지
봉황이 깃을 튼다면 더 바랄 게 있을까

* 오동나무는 비중에 비해서 단단한 편이고 재질이 좋기로 널리 이름을 떨친다. 나무는 가볍고 연하여 가공하기 쉬우며, 무늬가 아름답고 잘 뒤틀어지지 않는다. 습기에도 강하며 불에 잘 타지 않는 성질까지 있다. 그래서 전통 옷장 재료로 흔히 쓰인다.
  오동나무는 소리의 전달 성능이 다른 나무보다 좋다. 우리나라의 가야금과 거문고는 물론 중국과 일본의 전통 악기에도 오동나무는 빠지지 않는다. 우리나라의 옛 문헌을 살펴보면 거문고를 만든 오동나무 이야기를 수없이 찾을 수 있다. 인상적인 것은 수많은 관리들이 관청이나 서원의 앞마당에 자라는 오동나무를 베어 거문고를 만들려다 불이익을 당하고 심지어 파직되는 경우까지 있었다고 한다. 신흠의 「야언」(野言)에도 "오동은 천년이 지나도 가락을 잃지 않고, 매화는 일생 추워도 향기를 팔지 않는다"라고 했다.
  오동나무는 꽃의 아름다움도 빼놓을 수 없다. 봄의 끝자락인 5월 말경 가지 끝에 원뿔모양의 꽃대를 내밀고 손가락 길이만 한 종 모양의 통꽃이 연보라색으로 핀다.

참나리꽃

긴 꽃술 수염같고 꽃잎은 뒤로 휘고
알록달록 주근깨는 점박이 소녀 같고
볼수록 뽐내는 자태 샘이 나리 참나리

등골나물꽃

스산한 가을 산길 서늘한 바람결에
줄기 끝 무리져 핀 키다리 흰자주꽃
잎맥이 사람 등골 닮아 붙여진 그 이름

마타리꽃 l

여름에서 가을로 가는 산개울 징검다리
숲속의 오솔길을 환하게 밝히는 꽃
키다리 누나가 받쳐든 양산 같은 노란꽃

마타리꽃 2

수풀속 도드라진 연두빛 키다리꽃
수려한 꽃맵시도 향기도 없지만은
울 엄마 나들이 갈 때 양산 해도 좋을 꽃

금낭화

바람이 흔들고 가면 방울소리 차르르
산새도 그 소리 따라 호롱호롱 호르르
향피리 가락 소리로 청아하게 흐른다

도라지꽃

도라지 돌아가지 내 고향 그리워서
푸르른 꽃잎 보면 그리움이 돋아나네
밤하늘 푸른별 닮은 청초한 도라지꽃

동자꽃

산마루 양지뜸에 주황빛 붉은 꽃잎
노스님 기다리다 굶어죽은 어린 스님
동자꽃 슬픈 전설에 가슴이 먹먹하다

깊은 산 바위 틈에 여린 잎 자라더니
여름이 다가오자 피워낸 주황꽃잎
다섯장 꽃잎새마다 떠오르는 동자얼굴

* 동자꽃은 우리 꽃이므로 꽃 이름이 서양 신화가 아닌 우리 전설에서 유래했다. 깊은 산속 암자에서 노승이 어린 동자와 함께 살았다. 어느 겨울 노승은 시주 받기 위해 마을로 내려갔다가 폭설로 인해 도저히 산사로 돌아올 수 없었다. 눈이 녹기를 기다렸다가 산사로 돌아와 보니 홀로 기다리던 동자승이 얼어 죽어 있었다. 슬픔에 쌓인 스님은 동자승을 양지바른 근처 숲 가장자리에 묻어 주었다. 그 무덤가에서 동자승의 얼굴을 닮은 예쁜 붉은 꽃이 피었고 사람들은 그 꽃을 동자꽃 이라고 부르게 되었다.
동자꽃은 높이 40-100㎝로 깊은 산 속이나 비교적 높은 산의 풀밭에서 자라는 석죽과의 여러해살이풀이다. 다른 이름으로 비단가위꽃, 참동자꽃이며 비슷한 종류로 전체적으로 털이 많은 털동자꽃, 짙은 홍색의 꽃잎이 깊이 갈라진 제비동자꽃 등이 있다. 동자꽃의 꽃말은 '기다림'이다.

칡꽃

색깔은 칙칙해도 향기는 드맑은 꽃
튼실한 굵은 뿌리로 산의 정기 듬뿍 받아
자주색 꽃송이마다 멧새소리 물든 꽃

오이풀꽃

원두막도 줄기도 없는 산골짝 외진 그늘
바람에 실려오는 오이향 수박 내음
풋풋한 초록 풀내음 반기는 검붉은꽃

얼레지

이른봄 봄바람에 바람난 여인처럼
머리카락 휘날리며 예쁘게 피어난 꽃
얼레리 꼴레리하고 놀려주고 싶은 꽃

잎마다 얼룩무늬 어우러기 살갗병
그 이름 때문에 얼레지가 되었대
모두가 꼭 알아야할 우리꽃 얼레지

* 가재무릇이라고도 한다. 높은 지대의 비옥한 땅에서 자라지만 산골짜기에서 자라는 것도 있다. 비늘줄기는 바소꼴로 땅속 깊이 들어 있고 위에서 두 장의 잎이 나와서 수평으로 퍼진다. 잎은 달걀 모양 또는 타원형으로 녹색 바탕에 자주색 무늬가 있고 가장자리가 밋밋하다. 잎몸은 긴 타원형이다.
 꽃줄기는 잎 사이에서 나와 끝에 한 개의 꽃이 밑을 향하여 달린다. 꽃잎은 바소꼴이고 6개이며 뒤로 말리고 자주색이지만 밑부분에 W형의 무늬가 있다. 6개의 수술과 1개의 암술이 있다. 꽃밥은 진한 자색이고 선형이다. 씨방은 삼각모양의 달걀 모양이다. 열매는 7~8월에 결실하며 삭과(殼果)로 넓은 타원형 또는 구형이며 3개의 능선이 있다. 잎을 나물로 하고 비늘줄기를 약용한다. 꽃말은 '질투'이다. 한국·일본 등지에 분포한다.

02 들에 피는 꽃

살구꽃

겨우내 웅크려서 죽은 줄 알았는데
새 봄이 돌아오니 꽃구름 피웠구나
살으리 살으리랏다 정겨운 꽃 살구꽃

정답게 불러보면 엄마 얼굴 떠오르고
다정히 바라보면 아빠 얼굴 떠오르고
살구꽃 그 이름만큼 오래오래 사세요

산수유꽃

산에는 생강꽃 들에는 산수유꽃
봄소식 알려주려 가장 먼저 오는 꽃
온세상 밝혀주려고 등불처럼 환한 꽃

* 산수유(山茱萸)는 층층나무과에 속하는 낙엽성 소교목이다. 꽃은 노란색으로 3~4월에 잎보다 먼저 피는데, 그 모양이 아름다워서 관상수로 많이 재배된다. 열매는 타원형으로 8월에 붉게 익어서 말리면 작은 대추처럼 보이며, 한방에서 약재로 이용된다. 독성이 있는 씨를 제거한 후 말려서 먹거나 산수유주를 담가서 먹는다.
   노란색 꽃이 아름다워 구례, 의성, 이천 등에서 산수유 축제를 한다. 그 중에서 구례 산수유 축제가 대표적인 봄꽃 축제로 손꼽힌다.

이팝꽃

봄도 아닌 초여름에 흰눈이 내렸는가
가지마다 잎새마다 눈꽃이 소복소복
소쩍새 울음 소리가 풍년가로 들리네

조팝꽃

봄바람 살랑 부니 꽃가지 너울너울
꿀벌이 찾아왔다 분 묻힐까 달아나고
부시게 하늘거리는 봉실봉실 하얀 꽃

등꽃

번민을 걸어놓고 갈등도 걸어놓고
주렁주렁 매달린 수천수만 보라등
해탈의 바람 불어와 향기 실어 나르네

수수꽃다리

연두빛 사월바람에 풀파도 넘실대면
연보라 꽃내음이 바람 타고 스물스물
온누리 수수꽃다리 향기로 출렁인다

* 수수꽃다리는 '꽃이 마치 수수꽃처럼 피어 있다'라는 뜻의 순우리말이다. 더위를 싫어하므로 주로 중북부지방에서 정원수로 흔히 심는다. 수수꽃다리는 개회나무, 털개회나무 등 6~8종의 형제나무를 거느리고 있다. 라일락은 향기가 조금 더 강하고 키가 약간 크게 자라는 것 외에 수수꽃다리보다 더 특별한 장점은 없다. 이 둘은 꽃이나 향기가 비슷하여 거의 구분이 안 된다. 라일락은 유럽 사람들도 좋아하는 꽃이다. 라일락 향기는 금방 코끝을 자극한다. 어둠이 내리면 향기는 더욱 강해진다. 오래전부터 향료와 약재로 널리 알려진 정향(丁香)이 또 있다. 이는 우리나라의 정향이 아닌 늘푸른나무로 열대의 몰루카 제도가 원산인 다른 나무다. 이 나무는 꽃봉오리가 피기 전에 채취한 후 말려서 쓰며, 증류하여 얻어지는 정향유는 화장품이나 약품의 향료 등으로 쓰임새가 넓다.

배롱꽃

바람이 스쳐가면 배실배실 웃는 꽃
다홍빛 꽃이파리 온여름 안고 핀다
살며시 간지럼 태우면 화르르르 웃는다

쥐똥나무꽃

울타리 가지마다 반짝반짝 빛나는 잎
하얀꽃 잎새에서 쏟아지는 진한 내음
그 이름 무색도하다 쥐똥나무 꽃향기

쥐똥처럼 땅글땅글 까맣게 달린 열매
그 열매 이름 따서 붙여진 나무 이름
차라리 향수나무라 바꿔 부르고 싶구나

제비꽃

제비떼 지지배배 노래하는 봄 하늘
오솔길 양지뜸에 올망졸망 꽃수건
바람이 쓰다듬으니 부끄러운 제비꽃

스산한 양지녘을 환하게 물들이며
지나는 길손 향해 눈웃음 건네주고
수줍어 고개 숙이는 아리따운 제비꽃

* 제비꽃과에는 수많은 원예용 화초가 있다. 진보라색을 뜻하는 Violet은 원래 제비꽃과 그 색을 가리킨다. 오랑캐꽃, 앉은뱅이꽃, 가락지꽃(반지꽃), 장수꽃, 씨름꽃, 병아리꽃, 외나물이라고도 한다.
　제비꽃은 겨울나라에 갔던 제비가 돌아오는 무렵에 꽃이 핀다고 제비꽃이라 부른다는 설, 꽃의 모양과 빛깔이 제비를 닮아서 이름이 유래했다는 설이 있다. 오랑캐꽃이라는 이름의 유래에는 꽃이 필 무렵 오랑캐가 자주 쳐들어와서 붙었다는 설과 꽃의 생김이 오랑캐의 투구 또는 머리채를 닮아서 그렇게 부른다는 설이 있다. 앉은뱅이꽃은 키가 작아 앉아있는 것 같다고 해서, 가락지꽃(반지꽃)은 꽃으로 가락지(반지)를 만든대서, 장수꽃과 씨름꽃은 꽃 모양이 장수(將帥)들이 씨름하는 것 같아서, 병아리꽃은 병아리처럼 귀여워서 각기 이름이 붙었다고 한다.

민들레

밤하늘 아기별들 밤새도록 노니다가
새벽이 밝아오자 화들짝 놀란 얼굴
서둘러 올라가면서 흘리고 간 금단추

달맞이꽃

풀벌레 가락 맞춰 휘영청 달 떠오면
샛노란 달맞이꽃 꽃초롱 불 밝힌다
온종일 기다리느라 목조차 뻐근하다

* 바늘꽃과 두해살이풀에 속한다. 남아메리카의 칠레가 원산지이며 한국 곳곳에서 귀화식물로 자란다. 저녁까지 오므라들던 꽃이 밤이 되면 활짝 벌어지기 때문에 '달맞이꽃'이라는 이름이 붙었다. 키는 50~90cm이다. 잎은 로제트로 달리지만 줄기에서 나오는 잎은 어긋나고 좁고 길며 잎가장자리에 작은 톱니들이 있다. 지름이 3cm 정도인 노란색 꽃은 7월부터 가을까지 핀다. 열매의 씨는 성인병 예방 약으로 쓰인다. 달맞이꽃 씨에는 감마리놀렌산이 풍부해 기름으로 짜서 약으로 복용한다. 달맞이꽃 씨앗 기름은 혈액을 맑게 하여 콜레스테롤 수치를 낮추고 혈압을 떨어뜨리며 비만증, 당뇨병에도 좋다. 각종 염증에 저항하는 성분이 들어있어 특히 피부염이나 종기를 치료하는 데에 탁월한 효능을 가진다.

할미꽃 1

산기슭 양지녘 봄비에 새싹 돋네
벌나비 날아들고 두견새 울고 갈제
초라한 무덤가에 핀 허리 굽은 할미꽃

할미꽃 2

흰털 많아 할미꽃 구부러져 할미꽃
머리가 무거워서 등이 굽은 할미꽃
힘든 짐 다 내려놓고 편히 쉬어 가세요

엉겅퀴

무슨 죄를 지었기에 천벌을 받았는가?
잎새마다 가시 돋고 꽃조차 피멍든 침
보랏빛 성게를 닮아 가까이 하긴 아픈 꽃

코스모스

하얀꽃 연분홍꽃 푸른꽃 검붉은꽃
색색이 잘 어울려 가을을 수놓았네
가을을 상징하는 꽃 가냘퍼서 고운 꽃

개망초꽃

돌보는 이 없어도 탈없이 잘 자라서
온 누리 들녘마다 물결치는 흰파도
삼천리 그 어디를 가도 지천으로 피는 꽃

토종꽃 아니라고 터놓고 구박해도
온누리 방방곡곡 어디서나 만나는 꽃
이제는 그 어느 꽃보다 친숙해진 우리꽃

* 망초와 매우 유사하게 생겼으나 다른 속에 속한다. 망초는 키가 더 크고 개망초는 꽃이 더 크다. 중심의 노란 통상화를 둘러싼 하얀 설상화의 모습이 계란을 닮았다며 '계란꽃'이라고 불리기도 한다. 개망초는 너무 강한 생명력과 번식력으로 전국에서 4월부터 8월경까지 보이고 있다. 망초와 개망초는 둘다 구한말 비슷한 시기에 한반도에 들어왔는데, 철도공사용 침목으로 들어온 미국산 목재에 따라왔을 가능성이 높다. 망초는 밭농사를 망치고 그 때가 일제 침략기여서 나라가 망했다는 뜻으로 붙여 망초(亡草) 라고 부르게 됐다는 설이 있다.

애기똥풀

피고 지고 자꾸 피는 샛노란 애기똥풀
가녀린 꽃대 꺾어 노란 꽃 살펴보니
귀여운 아기똥 닮아 그 이름이 붙었네

술패랭이꽃

댓가지로 얽어 만든 햇볕 막이 패랭이
농부들 즐겨 쓰던 여름철 평량자(平凉子)
패랭이 모자를 닮아 이름도 패랭이꽃

여름을 알리는 연붉은 꽃무더기
산과 들 양지뜸에 발길에 채이는 꽃
시골집 어르신들은 석죽화(石竹花)라고도 부르지

매발톱꽃

매서운 매발톱처럼 힘차고 의연한 꽃
땅 아래 굽어보는 매처럼 당당하다
달콤한 꿀주머니는 꽃불이라 부르지

* 미나리아재비과이며, 양지바른 곳에서 자라는 여러해살이풀로 윗부분에서 가지를 뻗는다. 줄기에 달린 작은 잎은 위로 올라갈수록 잎자루가 짧아지며, 잎 뒷면은 흰색이다. 6~7월에 꽃이 줄기 끝이나 잎겨드랑이에서 나오는 꽃줄기 위에 2~5개씩 피며, 자주색꽃이 아래를 향하여 달린다. 7~8월에 익는 열매는 쪽꼬투리 열매이다. 매발톱꽃은 꽃잎 뒤쪽에 있는 '꽃불'이라고 하는 꿀주머니가 매의 발톱처럼 안쪽으로 굽은 모양이어서 '매발톱꽃'이란 이름이 붙었다. 실의에 빠졌을 때 꽃잎을 두 손에 문질러 바르면 샘물처럼 용기가 솟아났다는 전설을 간직한 매발톱꽃은 프랑스에서는 '성모의 장갑'이라고도 불리는 독특한 모양의 식물이다. 하늘을 나는 매가 발톱을 세우고 표적을 내려다보고 있는 듯한 매발톱꽃의 자태는 너무나 당당하고 인상적이다.

봄까치꽃(큰개불알꽃)

예쁜 이름 제쳐두고 개불알이 무엇인가
일본인 식물학자 마키노가 지은 이름
기막혀 부르지 못해 새로지은 봄까치꽃

---

* 큰개불알꽃은 일본 식물학의 아버지인 마키노가 붙인 이름이다. 일본어 오오이누노후구리(オオイヌノフグリ)에서 유래되었다. 이는 "큰 개의 불알"을 뜻하며, 열매의 모양이 이를 닮았기 때문에 붙여진 이름이다. 이 이름은 열매의 외형적 특징을 짓궂게 표현한 것으로, 식물학적인 명명 방식의 예로 볼 수 있다. 그러나 이 이름은 일제 강점기의 잔재로 인식되어, 현대에 와서는 '봄까치꽃'이라는 이름으로 대체하고 있다. '봄까치꽃'이라는 이름은 이 식물이 봄의 생명력과 희망을 상징하는 역할을 더욱 부각시킨다. 큰개불알꽃의 꽃말은 '기쁜 소식'이다. 봄을 알리는 꽃으로서 희망과 새로운 시작을 상징한다.

앵초

잎 줄기 흰털 많은 보라색 다섯 꽃잎
삼천리 방방곡곡 어디서나 피는 꽃
칠월의 땡볕 더위에도 말갛게 웃는 꽃

* 우리나라의 각처에서 널리 자라고 있는 식물로 잎은 밑동에서부터 모여 자라며, 잎줄기는 길고 대체로 타원형이다. 줄기는 곧게 서며 길이 20㎝에 달한다. 잎과 줄기에는 흰털이 많이 있으며, 꽃은 7월에 홍자색으로 핀다. 5개의 수술과 1개의 암술이 있고, 꽃받침은 다섯 조각으로 가운데가 갈라졌다. 갈라진 면은 삼각상 피침형이며 끝이 예리하다. 열매는 삭과(蒴果)로서 둥글고 원추형이며, 익으면 갈라진다. 어린싹은 나물로 먹고 꽃이 아름다워 관상용으로 기른다. 앵초의 뿌리는 땅 속에서 옆으로 뻗는데 이것을 약으로 사용하기 위하여 8,9월에 채취한다.

기린초

하늘의 별무리가 땅으로 놀러왔나
기린이 좋아해서 기린초라 부르는가
길지도 크지도 않는 올망졸망 노랑꽃

* 기린초는 돌나물과에 딸린 여러해살이풀이다. 키는 5~30cm이다. 줄기는 원기둥 모양으로 뭉쳐 난다. 뿌리는 굵다. 잎은 어긋나기로 난다. 잎 가장자리에는 약간 둔한 톱니가 있다. 6~7월에 원줄기 끝에서 노란색 꽃이 핀다. 열매는 다 자라면 별 모양으로 갈라진다. 어린순은 삶아 쓴맛을 제거한 후 나물을 해서 먹는다. 우리 나라와 일본 중국 등지에 분포한다.

개나리꽃

샛노란 물감통을 누가 쏟아 부었나
새싹들 보호하라 경고 주는 카드인가
이제는 봄이라 불러도 좋겠다는 인증샷

병꽃나무

금수강산 어디서나 볼 수 있는 우리 꽃
꽃 모양 병을 닮아 이름도 병꽃나무
비단을 두른 것같아 다른 이름 금대화

* 병꽃나무는 인동과의 잎지는 넓은잎 큰키나무이다. 한국 특산종이다. 전국의 양지바른 산기슭에서 자라며 키는 2~3미터에 이른다. 잎은 거꾸로 된 달걀 모양으로 끝이 뾰족하며, 잎 가장자리에는 잔톱니가 있다. 꽃은 5월에 잎겨드랑이에서 1~2송이씩 피는데, 긴 통꽃이며 옅은 노란색에서 점차 붉은빛을 띤다. 열매는 길쭉한 병처럼 생겼으며, 9월에 익어서 두 조각으로 갈라진다. 병꽃나무의 이름은 이 열매의 생김새에서 유래했다. 씨에는 날개가 있다. 번식은 꺾꽂이나 씨로 한다. 꽃 모양은 길쭉한 깔때기 모양으로 손가락 길이 정도이고 아래로 매달려 있다. 그 모습이 마치 우리 선조들이 사용하던 백자 병이나 청자 병처럼 생겼다고 하여 병꽃나무란 이름이 붙여졌다. 특히 꽃이 피기 직전의 꽃봉오리는 병모양이다. 꽃은 전체적으로 보드라운 털로 덮여 있다. 《물명고》에 실린 옛 이름은 비단을 두른 것처럼 아름다운 꽃이란 뜻의 금대화(錦帶花)이다.

방가지똥

들길을 지나가면 젤 반갑게 맞는 꽃
엉겅퀴 닮았지만 색깔은 아기 똥색
이름이 재미있어서 놀려주고 싶은 꽃

* 국화과에 속한 한해살이풀 또는 두해살이풀이다. 높이는 1미터쯤 되는데, 속이 비어 있고 줄기를 자르면 흰 액이 나오고 조금 시간이 지나면 다시 갈색으로 변하는데 이것이 똥 색깔을 닮았다 하여 붙여진 이름이다. '방가지'는 방아깨비의 경기도 방언이다. 결국 방가지똥은 '방아깨비의 똥'이라는 뜻이 된다. 줄기에서 나온 액이 방아깨비가 싸 놓은 똥과 비슷하다고 생각한 것이다.
  잎은 엉겅퀴와 비슷하나 가시가 없고, 5~6월에 노란색 또는 흰색의 꽃이 핀다. 어린순은 먹고, 우리나라를 비롯하여 아시아, 유럽에 널리 분포한다.

달개비꽃

닭이 좋아 닭장 부근 떼지어 모여 사네
새벽 닭 울음 소리 힘찬 기운 다 모아서
연푸른 꽃송이마다 푸른 하늘 담았네

* 달개비꽃은 '닭장 둘레에서 잘 자란다' 하여 "닭의장풀"이라고도 부른다. 7~9월이면 밝은 파랑색, 자주색 꽃을 볼 수 있다. 흔히 볼 수 있는 꽃잎 두 장은 위쪽에 크게 달리는 것이고, 자세히 보면 아래쪽에도 작은 꽃잎이 있다. 암술은 하나인데, 수술은 여섯이다. 그 중 작은 꽃처럼 생긴 네 개의 수술에는 꽃가루가 없고, 암술 주변을 감싸는 두 개의 수술에만 꽃가루가 있다. 달개비는 이른 아침 피었다가 오후 2시면 녹아 사라지는 하루살이 꽃이다.

구절초

한적한 오솔길 옆 향기로운 꽃집에
바람불어 좋은 날 가을 잔치 열렸네
꿀벌이 젤 먼저 오고 개미떼도 찾아오네

토끼풀

클로버 이름보다 토끼풀이 듣기 좋아
꽃시계 만들어서 손목에 채워 주던
하얀 꽃 볼 때마다 떠오르는 그 얼굴

그 이름 부르면 토끼 되어 뛰고 싶고
푸른 벌판 쏘다니며 마음껏 놀고 싶어
두 마리 토끼 되어서 뛰어놀던 옛 추억

박주가리

여름을 안고 피는 연보라 다섯 꽃잎
표주박 닮은 열매 익으면 갈라져서
이름도 참 재미있다 쪼개진 박 박주가리

* 전국의 산기슭에 흔하게 자라는 덩굴성 여러해살이풀로 세계적으로는 중국, 일본, 러시아 등지에 분포한다. 줄기는 덩굴지어 자라며, 길이 2-4m, 자르면 흰 즙이 나온다. 잎은 마주나며, 심장형, 가장자리는 밋밋하다. 꽃은 7-8월에 잎겨드랑이에서 난 길이 3-7cm의 꽃대에 총상꽃차례로 피며, 흰색 또는 연한 보라색이다. 다 익어서 벌어진 열매 꼬투리가 박으로 만든 조그만 바가지 같다고 해서 붙여진 이름이다.

지칭개

밭두렁 둔덕마다 지치도록 피는 꽃
옥토박토 구분없이 수더분한 두해살이
다함께 쾌지나칭칭 노래하는 방울꽃

수선화 1

제 모습에 반해 죽은 나르시스 혼백 담긴
접시에 놓인 금잔에 자존심 듬뿍 담아
봄 소식 젤 먼저 알리는 정다운 배달부

수선화 2

봄소식 알리려고 언 땅을 뚫고 올라
꽃샘추위 이겨내며 오롱초롱 피어난 꽃
입 모아 봄합창 하니 노래 소리 정겨워

---

* 수선화의 속명인 나르시스(Narcissus)는 그리스 신화에 나오는 미소년인 나르키소스에게서 유래되었다. 나르키소스는 빼어난 미소년으로 모두가 그를 사랑했으나 그는 모두를 싫어했다. 나르키소스에게 실연당한 어느 요정이 자신이 겪은 사랑의 괴로움을 나르키소스도 겪게 해달라고 소원을 빌었다. 아프로디테가 요정의 소원을 들어주었다. 나르키소스는 호수에 비친 자신의 모습을 보고 사랑에 빠지는 벌을 받게 되었다. 물에 비친 자신의 모습에 가까이 다가가면 그 모습이 흐트러져 버렸다. 자신의 모습이 비친 물가에서 떠나지 못한 나르키소스는 결국 물에 빠져 숨을 거두고 말았다. 여러 요정과 신들은 그의 죽음을 슬퍼하며 나르키소스가 오랫동안 기억되길 바라는 마음에서 그를 아름다운 수선화로 만들었다.

03

물가에 피는

꽃

연꽃

넓다란 이파리는 청개구리 놀이터
소나기 쉬다간 자리 영롱한 진주구슬
그 구슬 예쁘게 꿰어 심청에게 주고파

수련

마음이 아직 어려 가슴이 답답할 제
연못가 홀로 서서 마음을 다잡는다
수련도 내 마음 알고 반짝반짝 웃는다

미나리꽃

메마름을 싫어해 물을 좋아하는 꽃
꽝꽝 언 얼음 밑에서 봄햇살 기다리다
파릇한 머리채에 올린 새하얀 족두리꽃

붓꽃

붓대 끝에 보랏빛 나비가 앉았구나
색 물감 듬뿍 찍어 화선지에 그린 그림
소나기 쏟아져 내리니 더욱 청초하구나

물봉선

강가에 나와 앉아 하염없이 기다린 님
달지고 해 바뀌어도 기별조차 전혀 없네
물 비친 제 그림자 보며 눈물짓는 물봉선

해당화

수평선 멀리멀리 꽃구름 덩실덩실
흰파도 철썩철썩 갈매기 끼룩끼룩
그리움 고이 새기려 꽃잎조차 붉구나

부처꽃

마주 난 잎새 사이 연보라 꽃잎 달고
연못물 바라보며 상념에 잠겨 있다
층층이 내단 꽃잎이 탑처럼 높아가네

촉촉한 땅이 좋아 물가에 둥지 틀고
부처가 가르치신 천상천하 유아독존
스스로 높이 펴올라 존귀함을 알리다

* 불심이 깊은 불자가 부처님께 연꽃을 봉양하러 연못에 갔는데 비가 너무 많이 내려 물이 불어 연꽃을 딸 수 없었다. 어쩔줄 몰라하는 불자 앞에 어떤 노인이 나타나 보라색꽃을 가리키며 대신 이 꽃을 꺾어 바치라고 했다. 그래서 연꽃 대신 꺾어 부처님께 바쳤는데 이후 그 보라색 꽃을 부처꽃이라고 부르게 되었다고 한다.
부처꽃은 부처꽃과에 속하는 여러해살이풀이다. 학자에 따라 털부처꽃(Lythrum salicaria)의 아종으로 분류하기도 한다. 꽃은 7~8월에 보랏빛으로 핀다. 꽃잎은 여섯 개이고 긴거꿀달걀꼴이다. 수술은 12개이다. 열매는 9월에 익으며 두 갈래로 갈라져 씨가 나온다. 관상용이고, 한방에서는 말린 것을 천굴채라 하여 설사를 막는 약으로 쓴다.

창포

암수술 한 꽃으로 사이좋게 피는 꽃
그 모습 비쳐 보려고 연못가에 피는가
단옷날 뿌리 삶은 물에 머리 감던 샴푸(shampoo)꽃

* 꽃은 6~7월에 피며 암술과 수술이 한 꽃 안에 있고 황록색으로서 빽빽하게 달린다. 암술은 1개이고, 수술은 6개이다. 방향성 물질이 함유되어 있기 때문에 목욕할 때 물에 넣어 사용하기도 한다. 특히, 단오절에는 창포 뿌리를 삶은 물에 머리를 감고 뿌리를 깎아서 비녀를 만들어 꽂는 풍습이 있었다. 창포는 연못가와 도랑가에서 흔히 자라고 있었으나 점차 사라져 가고 있다. 창포와 비슷하지만 잎이 보다 좁고 너비 1㎝ 미만이며 길이도 짧고 뿌리가 가는 것을 석창포라고 하는데 창포보다 희귀하다.

04 밭에 피는 꽃

매화

잔설이 흩날릴 제 꽃향기 아득하다
봄꽃이 귀한 줄은 누구나 알지만은
눈 속에 피어나기에 더욱 고매하구나

배꽃

흰꽃은 많다지만 배꽃 만큼 눈부실까
달빛 고운 밤에 보면 더 하얀 그대 살결
그리움 꽃잎에 담아 고운 님께 보내리

능금꽃

능금꽃 불러보면 새록새록 그대 얼굴
향기도 옛추억도 고대 지고 없지만
꽃잎서 번져 나오는 수줍던 그대 웃음

복사꽃

발그레 번져가는 저녁놀 닮은 자태
다섯장 꽃잎마다 숨어있는 홍복숭아
꽃사이 뾰족 돋아난 초록잎도 반갑구나

봄햇살 듬뿍 받아 탱탱 부푼 꽃봉오리
바람이 살랑부니 팝콘처럼 터졌구나
친구야 무릉도원도 부럽지가 않구나

앵두꽃

연분홍 꽃잔치에 꿀벌 떼 놀다 가면
가지마다 붉은 염주 주렁주렁 매달고
홍구슬 붉게 빛내는 유월을 기다린다

가지꽃

보라색 꽃송이 여섯 갈래 별 닮은꽃
시든 꽃 자국마다 굵은 열매 주렁주렁
다산의 상징이란 듯 가지마다 가지꽃

고구마꽃

고구마 꽃피냐고 호기심 갖지마라
무화과도 꽃피는데 고구마가 못 피우랴
조엄의 한과 꿈 서린 메꽃 닮은 예쁜 꽃

* 고구마(sweet potato)는 메꽃과의 여러해살이풀이다. 탄수화물이 풍부하고 병충해에 강해 감자와 함께 전통적인 구황작물로 여겨졌으며, 풍부한 단맛으로 널리 사랑받는 채소이다. 조선 영조 39년(1763)에 조선 통신사 조엄이 일본 쓰시마섬에서 고구마를 목격하고 이듬해 제주도와 동래부(부산) 영도에서 이를 기르기 시작했다.

박꽃 1

달님을 사랑한 꽃이 달맞이꽃 뿐이더냐
낮에는 기운 없이 시름시름 지내다가
휘영청 달 떠오르면 힘이 불끈 솟는 꽃

박꽃 2

둥근달 흠모하여 보름 되기 기다리며
밤마다 마중하며 동산 향해 기도하지
정갈한 하얀 자태는 모시 적삼 닮은 꽃

자운영

보랏빛 구름처럼 들녘을 물들인 꽃
바람이 건듯 불면 꽃구름 파도 친다
자운영 꽃바다 위에 배 띄우고 싶어라

* 중국이 원산지이며, 밭이나 그 근방에서 재배한다. 줄기는 여러 갈래로 나누어지고 땅 위로 누워서 뻗는다. 꽃은 우산 모양이다. 4~6월에 홍자색 혹은 백색으로 핀다. 열매는 삭과(蒴果)로서 긴 타원형이다.
약으로 쓸 때에는 전초를 말려서 사용한다. 약효는 해열·해독 작용이 있어서 감기로 기침을 하고 인후 부위가 아프며 가래가 있을 때에 사용한다. 몸에 미열이 있으면서 피부에 종기가 자주 돋고 통증이 있을 때에 이것을 짓찧어서 상처에 붙이면 치유가 된다.

05 꽃밭에 피는 꽃

무궁화

아사달 하늘 열던 그 날의 아침처럼
피었네 지지않고 겨레의 가슴마다
광복절 환히 밝히는 단군의 꽃 무궁화

박태기꽃

마른나무 가지마다 밥알이 다닥다닥
흰밥이 어인 일로 자주색으로 변했지?
태기가 실험하느라 요오드액을 뿌렸나

능소화

등꽃도 아니면서 등꽃보다 더 환하고
나팔꽃도 아니면서 나팔보다 소리 높다
무더운 골목길 가득 기쁨으로 피는 꽃

수국

연분홍 연보라빛 봉글봉실 예쁜 꽃
탐스러 만져보니 향기는 달아나고
기쁨만 봉우리로 남아 커져버린 웃음꽃

* 수국은 수국과 수국속에 속하는 갈잎떨기나무이며, 초여름에서 무더운 여름 중순까지 꽃이 핀다. 한반도·중국·일본 등의 동아시아 등지에 분포하며, 본래는 중국 원산이다. 물을 좋아하는 수국은 꽃의 색으로 토양의 pH를 확인할 수 있다. pH6.0~6.5 정도의 토양에선 핑크색, pH4.5 정도의 산성토에선 푸른색을 띤다. 토양이 산성에서 점점 중성으로 올라갈수록, 보라색, 자주색, 옅은 자주색, 분홍색으로 변한다. 품종에 따라서 색깔이 고정되는 경우도 있다.

모란

향기는 엷다지만 자태는 수려하다
벌나비 외면해도 마음은 비단 바다
큼직한 꽃송이 속에 우러나는 그 기품

접시꽃

그리움 하늘처럼 켜켜이 높아가고
보고픔 번져번져 접시처럼 넓어지니
진한 정 꽃으로 피어 높다랗게 솟는 꿈

함박꽃(작약)

간절한 기다림 끝 정겨운 임의 소식
반가운 마음결에 절로 부푼 꽃망울
참으려 참으려 해도 터져 버린 함박웃음

* 함박꽃은 작약(芍藥)으로 더 알려져 있다. 함박꽃은 꽃이 크고 탐스러워 붙여진 이름이다. 미나리아재빗과의 다년생 초본으로 줄기 높이는 50~80cm이고 뿌리는 길고 굵은데 계통에 따라 변이가 심하다. 근생엽은 1~2회 우상으로 갈라지는 3출엽으로 밑부분은 차츰 잎자루로 된다. 작은 잎은 피침형, 타원형 또는 난형으로 표면은 진한 녹색이며 가장자리는 밋밋하고 잎자루와 잎맥은 연붉은빛이 된다. 꽃은 5~6월에 피고 홑꽃은 꽃잎이 10개 내외이며 색깔은 적색, 분홍색, 백색 등 여러 가지이다. 원줄기 끝에 5~10cm의 큰 꽃이 한 개씩 달리고 수술은 많으며 황색이다. 씨앗은 둥글고 8월에 흑갈색으로 익는다.

해바라기

뜨겁게 님 그리워 여름 안고 피는 꽃
이글이글 타는 사랑 씨앗에 묻어두고
고흐가 사랑한 큰 꽃 내 마음에 피는 꽃

* 해바라기는 한해살이풀로, 일자로 뻗은 줄기 제일 위에 해를 닮은 노란 꽃이 상당히 인상적인 식물이다. 국화나 구절초와 같은 국화과(科) 식물로, 중앙아메리카가 원산지다. 탐험가 크리스토퍼 콜럼버스가 아메리카 대륙을 발견한 후 16세기에 유럽에 소개되면서 태양의 꽃으로 불리게 됐다. 덩치에 비해 큰 꽃을 피울 수 있는 것은 사실 해바라기가 한 개의 꽃이 아니라 작은 꽃들이 모여 이룬 커다란 꽃무리이기 때문이다. 바깥쪽의 길쭉한 노란색 꽃잎은 제각각 암술을 따로 가진 작은 꽃이고 나중에 중앙부의 씨앗이 맺히는 갈색 부분 역시 작은 꽃들로 이루어져 있다. 비슷한 식물로는 단풍잎 돼지풀과 뚱딴지가 있다. 특히 뚱딴지는 해바라기속에 속하고 꽃마저 '작은 해바라기'라고 할 정도로 닮았다.

장미

탐스런 꽃송이에 정신을 빼앗기다
향기에 흠뻑 취해 걸음조차 휘청휘청
미향을 겸비한 꽃은 너뿐인가 하노라

그 이름 생각하니 떠오르는 임의 얼굴
그 향기 맡아보면 그윽한 임의 향기
장미여 이름만 불러도 내 마음 어질어질

유도화

잎새는 버드나무 꽃잎은 복숭아꽃
바람에 나부끼며 한 여름을 밝혀주네
친구가 신발 이름이냐고 놀려대며 웃던 꽃

봉선화

분홍 꽃잎 콩콩 찧어 손톱에 감싸주면
빨갛게 물이 들어 꽃반달 참 고왔는데
지금은 가슴에 물든 어머니의 봉선화

부용꽃

하얀꽃 분홍꽃 시원시원 예쁜 꽃
무궁화를 닮아서 여름 안고 피는 꽃
소나기 흠씬 맞으면 싱싱하게 빛나지

* 부용은 높이가 1~3m이고 가지에 성모(星毛)가 있다. 잎은 둥글고 3~7개로 갈라지며 길이와 너비가 각각 10~20cm이다. 꽃은 8~10월에 연한 홍색으로 피며 지름 10~13cm이고 가지 윗부분의 잎짬에 한 개씩 달린다. 꽃받침통은 보통 중앙까지 다섯개로 갈라지며 소포(小苞)가 보다 길다. 과실은 삭과(蒴果)로 동그란 모양이며 지름 2.5cm이다. 시원한 소낙비를 맞으면 더한층 아름답게 보인다는 부용은 용모뿐 아니라 시(詩)에도 뛰어났던 성천(成川) 기생 연화(蓮花)의 별명이기도 해서 부용과 시화에 얽힌 사연들이 있다. 제주 서귀포에 나는 부용은 높이 3m까지 자라며 꽃이 온통 나무를 뒤덮는다. 무궁화에 비해 꽃이 대형이고 가지가 초본성인 점이 이채롭다. 1년생 묘목에서도 꽃이 피므로 조기 조경효과를 거둘 수 있다.

금잔화

황금색 잔을 닮아 붙여진 예쁜 이름
향긋한 꽃차로 마시면 마음도 맑아지지
먼 옛날 모여 살았던 지중해가 그리운 꽃

* 금잔화(金盞花)는 국화과의 한해살이풀로 노란색 꽃이 특징이다. 영어로는 매리골드(marigold)라고 부른다. 황금색 잔을 닮았다고 하여 붙여진 이름이다. 꽃은 6~9월에 피고 열매는 8~10월에 익는다. 보통 화단에 관상용으로 기르며 약용하거나 식용색소로도 쓰인다. 원산지는 유럽 남부 지중해 연안이다. 금잔화의 꽃말은 이별의 슬픔, 비통, 실망, 아쉬움이다.

물망초

강둑을 함께 걷다 파란꽃이 어여뻐서
헌화가 부르면서 꽃 한줌 꺾어 오다
강물에 휩쓸려 떠난 임 나를 잊지 마세요

* 물망초(勿忘草)는 사랑하는 이에게 꽃을 바치려 했다가 죽음을 맞이한 어느 청년의 영혼이 담긴 꽃이기도 하다. 지칫과의 여러해살이풀로 키는 20~30센티미터 정도이다. 봄, 여름에 남색의 작은 꽃이 피며 잎은 어긋맞게 난다. 원산지는 유럽이며 관상용으로 널리 재배한다. 꽃은 청색인 것과 분홍색인 것이 대표적이며 노란색이나 흰색도 있다.

나팔꽃

젤 먼저 잠을 깨어 새벽을 알리는꽃
어둠을 몰아내고 먼동을 맞이하니
꽃말은 아침의 영광 진격의 나팔 소리

* 주변의 물체에 지지하여 자라는 덩굴식물이다. 원산지는 중앙아메리카이다. 영어로 Morning Glory라고도 하는데, 엄밀히 말하면 모닝글로리는 메꽃과에 속하는 1천여 종의 꽃들을 전부 다 가리키기 때문에, 나팔꽃을 모닝글로리라고 말하는 것은 맞으나, 모든 모닝글로리가 나팔꽃인 것은 아니다. 줄기는 덩굴지고 왼편으로 감기며 키는 2m에 달한다. 잎은 어긋매껴나고 잎자루는 길며 일반적으로 심장 모양인데 세 갈래로 깊이 갈라졌다. 여름에 청보라색, 백색, 홍색 등 나팔 모양의 꽃이 잎겨드랑이에서 아침 일찍이 피었다가 낮에는 오므라들어 시든다.

골담초꽃

햇볕 좋은 울타리에 꿀벌들이 잉잉잉
꽃 닮은 나비 떼가 노란꽃에 앉았네
골담초 뿌리를 캐어 약초로도 쓰지요

* 골담초(骨擔草)란 글자 그대로 뼈를 책임지는 풀이란 뜻이다. 풀 초(草) 자가 들어 있어서 초본으로 생각하기 쉬우나 나무에 속한다. 실제로 뿌리를 타박상, 신경통의 한약재로 쓰고 있다. 귀여운 나비모양의 노란색 꽃을 감상할 수 있고, 약으로도 쓸 수 있으므로 양지바른 돌담 옆에 흔히 심는다. 뿌리혹박테리아를 가진 콩과 식물이라 척박한 땅에서도 잘 자란다. 꽃은 4~5월에 노란나비모양으로 한 개씩 원불모양의 꽃차례에 달린다. 노랗게 피는 꽃은 따서 쌀가루와 섞어 시루떡을 만들어 먹기도 한다.

불두화

부처님 오신날을 기다렸다 피는 꽃
연두색 꽃잎다발 흰색으로 변하네
몽실한 꽃봉오리가 탐스러워 좋아라

도솔암 돌탑 옆에 활짝 핀 흰꽃송이
꽃타래 몽실몽실 쓰다듬고 싶어라
부처님 머리 닮아서 불두화라 부르지

* 불두화꽃은 부처님 오신날을 전후해 피어난다. 처음에 연두색이었다 점차 흰색으로 변한다. 부처님의 곱슬곱슬한 머리를 닮아 불두화가 되었고 하얀 고깔 모양을 보고 스님들은 승무화(僧舞花)라 부르기도 한다.

옥잠화

흰적삼 무명치마 단아한 내 어머니
쪽머리에 꽂혀 있는 비녀 같은 옥잠화
빛바랜 사진으로 남은 어머니의 옥비녀

맨드라미

튼실한 닭벼슬 닮은 맨드르 맨드라미
쓰르르 쓰름쓰름 쓰르라미 우는 한낮
홍갈색 맨드라미꽃 더위마저 쫓는다

채송화

흙내음 너무 좋아 땅으로 뻗은 줄기
바람에 멱감으며 햇살에 반짝반짝
고 작은 얼굴들마다 자글자글 웃는다

쪽두리꽃(풍접초)

꽃송이 눈부셔서 아롱다롱 예쁜 꽃
새색씨 머리에 얹는 꽃관 닮은 꽃봉우리
시집간 누나 그리운 화사한 쪽두리꽃

* 머리에 쓰는 쪽두리처럼 생겼다 해서 쪽두리꽃이라 하고, 나비가 춤추는것 같다 하여 풍접초(風蝶草)라고도 한다. 풍접초 꽃말은 불안정이라 한다. 아무래도 점점 키가 크면서 꽃이 피어 오르기 때문인 것 같다. 한해살이 풀이다. 줄기는 높이 1m 정도이며, 전체에 샘털과 잔가시가 난다. 잎은 어긋나며, 작은잎 5~7장으로 이루어진 손바닥 모양의 겹잎이다. 작은잎은 길이 9cm 정도이며, 가장자리는 밋밋하고 끝이 뾰족하다. 줄기 아래쪽의 잎은 잎자루가 길며, 뾰족한 턱잎이 있다. 꽃은 분홍색 또는 흰색으로 8~9월에 줄기 끝에서 핀다.

과꽃

꽃송이 너무 커서 바람에 흔들흔들
언니처럼 날씬한 파랑 보라 예쁜 꽃
가을이 돌아왔다고 맑게 웃던 언니야

* 국화과에 속한 한해살이풀. 높이는 30~100센티미터 정도이며, 잎은 어긋나고 피침형이며 거친 톱니가 있다. 7~9월에 남색, 붉은색, 흰색 따위의 큰 꽃이 핀다. 원래 우리나라 북부 및 만주에 자생하였으나 18세기경 프랑스, 독일, 영국 등지로 건너가 개량되었다. 당국화(唐菊花)라고도 한다.

아네모네

아느냐 모르느냐 아네모네 전설을
덧없이 피었다 지는 흔들리는 바람꽃
사랑의 슬픔이 맺힌 송이마다 눈물꽃

* 아네모네는 미나리아재비과에 속하고 원산지가 지중해 연안인 여러해살이풀이다. 알뿌리 식물로, 잎은 깃꼴겹잎이며 봄에 줄기 끝에 빨간색, 자주색, 파란색, 흰색 등의 꽃이 핀다. 지중해 연안이 원산지로, 화분이나 화단에 관상용으로 기른다. '바람꽃'이라는 별명이 붙어 있는데, 이는 바람에 꽃잎이 쉽게 흔들리거나 바람으로 씨앗이 퍼지는 특징 때문이다. 미의 여신 아프로디테와 그녀의 사랑을 받던 아도니스의 비극적인 사랑 이야기와 관련이 있다. 아도니스가 죽은 자리에서 피어난 꽃이 아네모네로 꽃말은 덧없는 사랑이다.

꽃시조

초판	1쇄 2025년 4월 10 일
지은이	박상재
발행인	김선경
편집기획	나현서
편집디자인	이정연
펴낸곳	민들레나라(02-849-9426)

ISBN 979-11-969123-4-5

이 책의 저작권은 저자와 민들레나라에 있으며, ⓒ 2025 박상재 무단전재와 무단복제를 금합니다.
이 출판물 내용 중 어느것도 자동화된 데이터베이스에 복제하거나 저장할 수 없습니다. 또는 전자적,기계적 혹은 복사와 같은 어떠한 형태로도 공개할 수 없으며 출판사의 사전 서면 승인 없이 어떠한 방법으로 공개할 수 없습니다.